www.ingramcontent.com/pod-product-compliance
Lightning Source LLC
LaVergne TN
LVHW020452070526
838199LV00063B/4920
9789358723991

گلّۂ صفورہ

(شعری مجموعہ)

مصنفہ:

شفیق فاطمہ شعریٰ

© Taemeer Publications LLC

Galla-e-Safoora *(Poetry)*
by: Shafiq Fatima Shera
Edition: July '2023
Publisher & Printer:
Taemeer Publications LLC (Michigan, USA / Hyderabad, India)

ISBN 978-93-5872-399-1

مصنف یا ناشر کی پیشگی اجازت کے بغیر اس کتاب کا کوئی بھی حصہ کسی بھی شکل میں بشمول ویب سائٹ پر اَپ لوڈنگ کے لیے استعمال نہ کیا جائے۔ نیز اس کتاب پر کسی بھی قسم کے تنازع کو نمٹانے کا اختیار صرف حیدرآباد (تلنگانہ) کی عدلیہ کو ہوگا۔

© تعمیر پبلی کیشنز

کتاب	:	**گلّۂ صفورہ**
مصنف	:	**شفیق فاطمہ شعریٰ**
صنف	:	شاعری
ناشر	:	تعمیر پبلی کیشنز (حیدرآباد، انڈیا)
سالِ اشاعت	:	۲۰۲۳ء
تعداد	:	(پرنٹ آن ڈیمانڈ)
صفحات	:	۱۰۸
سرورق ڈیزائن	:	تعمیر ویب ڈیزائن

فہرست

انتساب	۵	خلابے کراں	۵۶
ارضِ نغمہ	۷	صدا بصحرا	۵۷
رسالت	۱۱	زوال عہد تمنا	۶۰
جب بھی سحر آئی	۱۲	فصل نیک فال	۶۳
یادنگر	۱۵	اسیر	۶۶
فصیل اورنگ آباد	۱۹	دھندلکے	۶۸
ایلورا	۲۷	سرحق	۷۱
خوابوں کی انجمن	۳۱	مجذوب	۷۵
سیتا	۳۷	افق در افق	۷۹
زیرِ چرخ کہن	۴۰	حکایت ذوالنوں	۸۲
درماں	۴۱	گلۂ صفورہ	۸۵
خلد آباد کی سرزمین	۴۴	عکس نغمہ (تراجم) اسپین کے غنائی شاعر	
سمتیں	۵۰	JUAN RAMON JIMENEZ	
مسافر پرندے	۵۳	کی نظمیں	۸۶

تارا چمکا	89	نذرِ نغمہ	101
وہ را دعا رائی امر	90	تارِ رگِ جاں	102
یادِ وطن	92	دوامِ ما	103
فطانت	94	ورائے نور	104
از زدہ قمری	95	سرمایۂ بہار	105
پریشی	97	غزل	106
چلنا چلنا مدام بجلنا	99	قطعات	107

بسم اللہ الرحمٰن الرحیم

انتساب

بہن انیس فاطمہ اور کنیز فاطمہ کے نام

انھیں اضطراب بہت
کہ اس کا بنے گا کیا،
کبھی بول پائے یہ کوئی لفظ صفائی سے،
تو خدا کا شکر ادا کریں
تو وہ بالکائیں بٹھائے رکھتیں مجھے نگاہوں کی قید میں،
کہ یہ لفظ یوں نہیں یوں کہو
تو ہزار حیف وہ احتساب
مٹا سکا نہ نوشتہ قسمت لفظ کا
وہ 'نبھار پور' برہان پور نہ بن سکا
تو وہ صبر و ضبط سے پھوٹتی ہوئی
بے تحاشا ہنسی،
کہیں دور گرتا ہے آبشار سا جس کا اب بھی،
اسی کے نام ہو، انتساب کتاب کا۔

شفیق فاطمہ شعریٰ

کا ایک اور مجموعہ کلام

آفاقِ نوا

(بین الاقوامی ایڈیشن)

منظر عام پر آچکا ہے

ارضِ نغمہ

اک جہانِ آرزو، بجلیوں کے کھیل سے
مدتوں جلا گیا، مدتوں ہوا نہ سرد
بس گیا اجڑ گیا بن گیا بگڑ گیا
مدتوں اڑا ہے رنگ مدتوں اڑی ہے گرد
شاخہائے خشک میں کونپلوں کا انگبیں
کونپلوں کی جانشیں برگہائے زرد زرد
نیم روز کا شکوہ شام کے لہو میں غرق
تہ نشین سیل صبح اختران شب نورد
دکھ رہا ہے دل بہت کوئی ہے جو بانٹ لے
ایسے روز و شب کا بار ایسی زندگی کا درد
فرصتِ ازل ملی مہلتِ ابد ملی
اور ہر نفس کے ساتھ تاک میں لحد ملی

ایک آسماں کا جور ختم ہو گیا جہاں
گھات میں ہمیں وہاں اور آسماں ملے
اضطراب روح کا درخورِ فغاں نہیں
خامشی کی تھاہ میں شاید اب اماں ملے

دل میں جل رہے ہیں کچھ رازہائے جاں گداز
جانے کب زباں ملے فرصت بیاں ملے
قافلوں سے تیز تر منزلیں رواں دواں
کشتۂ خرام کی داد پھر کہاں ملے
ناگہاں بچھڑ گئے ایک ایک موڑ پر
ایک ایک موڑ پر وہ جو ناگہاں ملے
کس کی آرزو کریں کس کی جستجو کریں
چاک دامن حیات کس طرح رفو کریں

لے کے آگیا یہاں مجھ کو ذوقِ انجمن
مطلع نجوم و ماہ تھی مری نظارہ گاہ
تیرے ایک جرعہ کو پی کے اور کیا کہوں
آہ اے مئے حیات اے مئے حیات آہ
رابطوں کی ہر نمود بستۂ زیانِ و سود
اس کو بندگی کی دھن اس کو خواجگی کی چاہ
غنچہ خموش کی منزلِ مراد صبح
میری منزل مراد ایک آشنا نگاہ
اجنبی فضاؤں کی ہر پرت کو کھول کر
ڈھونڈتی رہی امید مدتوں کلید راہ
بادۂ شکیب و صبر ناگہاں آبل گیا
اور قلب شعلہ خام اک نوا میں ڈھل گیا

اک نوائے غم گسار جیسے نافۂ تتار
پھوٹ کر مہک اٹھے وادیوں میں چارسو
اک کرن کی کیا بساط پھر بھی ابرِ تہہ بہ تہہ
اس کی راہ کا غبار بن کے نور در سبو
آتشِ چنار نے آسماں کو چھو لیا
میرے شعلۂ بلند اک جہاں کو تو بھی چھو
یوں ترنگ بن کے ناچ قلب روزگار میں
پیکرِ بہار میں جیسے نشۂ نمو
میری خاک میں ہے جذب عصر عصر کا نچوڑ
اور میری خاک کی فصل سرو قد ہے تو
ہر طرف ثمر لٹا خوشہ ہائے زر لٹا
دشت کے شکوہ میں اپنا کروفر لٹا

میری منزلیں بعید میری مشکلیں شدید
میرا شوق بے کراں میرا کام نا تمام
جس کے فیض سے مجھے لذّت نظر ملی
میری راہ کا چراغ اس کی یاد اس کا نام
جب سے مجھ کو دل ملا دل کو دھڑکنیں ملیں
تب سے میرے دل میں تھا اس کے پیار کا قیام
اس کی راہ میں مجھے کتنے ہم سفر ملے
لیک مئے سے ہیں گداز جن کی زندگی کے جام

ان کے گیت موج موج میرے گیت موج موج
جاوداں رواں دواں ایک چشمۂ کلام
کتنے لحن گم ہیں اک لحن دل نواز میں
ایک کائنات ہے محو سوز و ساز میں

اس کی ابتداء ازل اس کی انتہا ابد
درد مشترک کی رو اک طویل داستاں
ڈوب ڈوب کر اُگے دل مثالِ آفتاب
ایک دیپ سے ہوئے لاکھ دیپ ضو فشاں
صید ڈھونڈ ڈھونڈ کر پھینکتی ہے اپنے دام
اک دل آشنا مہک جنت مشام جاں
گاہ شمع انتظار گاہ نغمۂ جرس
دھارتی ہے نت نئے روپ روح کارواں
زخمۂ خرام سے ساز رہگذار میں
نت نئی نواؤں کا تازہ دم لہو رواں
اس لہو کی آگ میں منزلوں کو جھونک دیں
پیار کے ہون میں آؤ سب دلوں کو جھونک دیں

★

رسالت

ہوائے بیاباں کی سرگوشیاں دھیمی دھیمی
کہ دیکھو سحر ہے قریب
ہزاروں الم ہائے جاں کاہ کا خوں بہا
اس کے آہنگ میں رنگ میں
اس کی شبنم سے بیدار ہر پھول بن کا نصیب
سحر ہے قریب
مگر میں نے دیکھا سحر کو بہت دور
اپنی ابد گیر لذت میں گم
گل و برگ و اشجار سے ماورا
زمانوں کی رفتار
تاروں کے انوار سے ماورا
بہت دور پورب سے لیکن
ہوائے بیاباں کی سرگوشیوں سے قریب
ہزاروں الم ہائے جاں کاہ کا خوں بہا
اس کے آہنگ میں رنگ میں
اس کے لہجہ کی دلداریاں ہیں عجیب
سحر ہے قریب

جب بھی سحر آئی

جب بھی سحر آئی یہاں
بادۂ گلگوں کا نشہ
ابر کے پیکر میں رچا
چشمۂ سیمیں میں بہا
موج کے ساغر میں رچا
آتشِ گلزار بنا غنچۂ احمر میں رچا

جب سحر آئی یہاں
چاند ستاروں کے شرر
شرق کی لالی میں گھلے
اوس کے تابندہ گہر
نور کے دھارے میں بہے
دشت میں تا حدِ نظر جال شعاعوں کے تنے

جب بھی سحر آئی یہاں
ناچ اٹھی باد صبا
جاگ اٹھے نغمہ سرا
رنگ اڑے عطر بہا
اشک تھمے درد مٹا
رات کے خاموش سمندر سے اٹھا سیلِ نوا

جب بھی سحر آئی یہاں
اس کا یہی روپ رہا
اس کا یہی رنگ رہا
رقص تجلی کے لیے
آئینے کوتاہ پڑے
صحن جہاں تنگ رہا پہن بیاں تنگ رہا

کل کی ضیاء آج کی ضو
یہ بھی کوئی بات ہوئی
جب بھی تھمی وقت کی رو
جب بھی کبھی رات ہوئی
شعلۂ تغئیر کی لو برق صفت تیز ہوئی نور کی برسات ہوئی

جب بھی اٹھا شور درا
راہ اُبلتی ہی رہی
قافلہ چلتا ہی رہا
چشمۂ رفتار سدا
موڑ بدلتا ہی رہا
سینۂ امواج میں اک سیل مچلتا ہی رہا

جب بھی بہار آئی یہاں
فطرتِ رنگیں چمن
پھول اُگلتی ہی رہی
محفلِ نو ہو کہ کہن
شہر ہوں یا دشت و دمن
شمع مرے راگ کی جل جل کے پگھلتی ہی رہی

تا کہ نمایاں ہو کبھی
قسمتِ آدم کی سحر
جس کے لیے شام نہیں
جس کے نظارے کو ابھی...
تاب نظر عام نہیں
جس کے نقیبوں کو کسی دور میں آرام نہیں

یاد نگر

میں اوس بن کے برس جاؤں تیرے سبزے پر
میں گیت بن کے تری وادیوں میں کھو جاؤں
بس ایک بار بلا لے مجھے وطن میرے
کہ تیری خاک کے دامن میں چھپ کے سو جاؤں

شگفتہ گھاس میں یہ زرد زرد ننھے پھول
نہ جانے کس لیے پگڈنڈیوں کو تکتے ہیں
انھیں خبر ہی نہیں ان کو چننے والے آج
گھروں سے دور کسی کیمپ میں سسکتے ہیں

کئی گھرانوں کی فریاد اس میں ڈوب گئی
اب اس کنوئیں پہ نہ آئے گی کوئی پنہاری
کسان کھیت نہ سینچیں گے ایسے پانی سے
ہری نہ ہوگی اسے پی کے کوئی پھلواری

یہیں ندی کے کنارے اسے دبایا تھا
مگر شبانوں کو وہ بار بار نظر آئی
ہٹی جو ریت تو چمکا وہ چاند سا ماتھا
چلی ہوا تو وہ ریشم سی زلف لہرائی

میں تیرے پاؤں پڑوں ہاتھ روک لے قاتل
اسے نہ مار جو تیری طرف ہمکتا ہے
یہ تیغ کو بھی کھلونا سمجھنے والا ہے
یہ لعل پھینک کے انگارہ چوس سکتا ہے

کہا کسی نے کہ وہ جلد لوٹ آئیں گے
کہا کسی نے کہ امید اب بہت کم ہے
الٰہی ڈوبتے دل کو ذرا سہارا دے
مرے چراغ کی لو آج کتنی مدھم ہے

نبولی نیم کی پکی اب آئے گا ساون
مگر یہ گیت اسے آہ کیسے یاد آیا
وہ اپنی ماں سے لپٹ کر نہ رو سکے کبھی
نہ سر پہ ہاتھ کبھی رکھ سکے گا ماں جایا

سنا ہے نیند میں وہ چونک پڑتے ہیں
لہو کے داغ تھے جن پر وہ ہاتھ جلتے ہیں
پڑوسیوں سے یہ کہہ دو وہ مشعلیں رکھ دیں
کہ ایک گاؤں کے گھر ساتھ ساتھ جلتے ہیں

الٰہی شام اب اس گاؤں میں آنے پائے
کہ اس کے آتے ہی دکھیائیں مل کے روتی ہیں
درندے اپنے بھٹوں میں دہلنے لگتے ہیں
ہوائیں کوہ سے ٹکرا کے جان کھوتی ہیں

دیے کے واسطے نھنے پناہ گیر نہ رو
فلک پہ دیکھ وہ قندیل ماہ روشن ہے
اسی فضا میں مرے چاند تو بھی ابھرے گا
جو تو ہے ساتھ تو غربت کی راہ روشن ہے

طلائی گھاس سے وادی میں تھا تلاطم سا
ہوائیں نرم شعاعوں کی سرسراہٹ تھی
نیا تھا چشمہ مہر اور نیا تھا رنگ سپہر
ہر ایک گوشہ میں لیکن اجل کی آہٹ تھی

ہوا نے دیپ بجھایا ہی تھا کہ نکلا چاند
قلم کو تیز چلاؤ کہ یہ بھی ڈوب نہ جائے
خود اپنے دل کے اجالے کا اعتبار نہیں
کہ ایک بار یہ جائے تو پھر پلٹ کے نہ آئے

یہ چاندنی کا اجالا یہ نیم شب کا سکوں
سفید گنبد و در دودھ میں نہائے ہوئے
ستارو کوئی کہانی کہو کہ رات کٹے
نہ یاد آئیں مجھے روز و شب بھلائے ہوئے

فصیلِ اورنگ آباد

یہ فصیلِ پارینہ یہ کھنڈر یہ سناٹا
کس خیال میں گم سم ہے یہ رہگزار آخر
میں یہاں ٹھٹکتی ہوں سوچتی ہوں تھوڑی دیر
یہ شکستہ بام و در کیوں ہیں سوگوار آخر

گرد اڑ رہی ہے اب جس وسیع میداں سے
اس کو روند کر گذرے کتنے شہسوار آخر
کتنے انقلاب آئے کتنے حکمراں بدلے
ہے یہ خاک کس کس کے خوں سے داغدار آخر

کھو کے اپنی رونق کو یہ اداس دیرانے
کب تلک رہیں گے یوں محوِ انتظار آخر
مدتوں یہاں شاہی رونقی رہی سب کو
اور کب تلک چلتا اس کا اقتدار آخر

بزمِ عیش و عشرت میں کیا کسی نے سوچا تھا
وقت توڑ دیتا ہے عیش کا خمار آخر
نشۂ حکومت سے کوئی جا کے یہ پوچھے
کیوں کھنڈر ہی رہتے ہیں تیری یادگار آخر

ماتمی ہوائیں بھی بھر رہی ہیں آہیں سی
زیرِ خاک کس کس کے دل ہیں بے قرار آخر

حوصلوں امنگوں کی اک چتا سی جلتی ہے
دھیرے دھیرے سینے میں کوئی شئے پگھلتی ہے

خود بخود کھنچ آئے ہیں اس طرف قدم میرے
یہ فصیل اپنی سمت کیوں مجھے بلاتی ہے
آج اس پہ چڑھ جاؤں اور پوچھ لوں اس سے
کون سی کھنک ہے وہ جو اسے ستاتی ہے
کتنی تند و سرکش ہے یہ ہوا بلندی پر
پی کے جام سرشاری جھومتی ہے گاتی ہے
آکے اس بلندی پر دل مرا دھڑکتا ہے
زندگی نشہ بن کر جسم میں سماتی ہے
سر اٹھانے لگتی ہے حسرت پر پرواز
بے کلی طبیعت کی اور بڑھتی جاتی ہے
پرسکوں فضاؤں سے پھوٹتی ہے موسیقی
اک رباب سحر آگیں زندگی بجاتی ہے
بے نقاب ہوتا ہے روئے روشن فطرت
آسماں کی پہنائی اور پھیل جاتی ہے
چار سو محبت کا سحر چھانے لگتا ہے
ایک ایک ذرے سے بوئے عشق آتی ہے
دور کی حسیں دنیا آہ کتنی پیاری ہے
دھیرے دھیرے ہر کلفت دل سے مٹتی جاتی ہے

بڑھ رہا ہے دکھیوں اور روگیوں کا اک سیلاب
سامنے وہ چھوٹے سے اسپتال کے اندر
گونجتی ہے رک رک کر اک گھٹی گھٹی فریاد
اک دبا دبا سا شور اٹھ رہا ہے رہ رہ کر
آفتاب کی کرنیں تابشیں لٹاتی ہیں
مست خواب ذروں کو پیار سے جگاتی ہیں

شہر کی ہر اک جانب قافلے پہاڑوں کے
اک حصار کی مانند سلسلے پہاڑوں کے
ان کی کچھ گپھاؤں میں فن کی سحر کاری ہے
ارتقا کی شمعیں ہیں ان کی جلوہ باری ہے
چند بے نشاں فن کار اک جھلک دکھاتے ہیں
اپنے فن کے پردے میں چھپ کے مسکراتے ہیں
پتھروں سے ٹکرایا عزم آہنیں جن کا
ڈھل گیا حقیقت کے روپ میں یقین جن کا
کھردری چٹانوں سے زندگی ابلتی ہے
ظلمتوں کے سینے میں روشنی مچلتی ہے
ہے ہر ایک ذرے پر مرتسم خیال ان کا
اک زمانہ حیراں ہے دیکھ کر کمال ان کا
مورتوں کو خود اپنا دل دیا زباں بخشی
حسن جاوداں بخشا عمر جاوداں بخشی

یہ فصیل ہے سنگم کتنی جوئیاروں کا
مختلف زمانوں کا مختلف نظاروں کا

ایک سمت کھیتوں کی خوشگوار ہریالی
فرطِ سرخوشی سے ہے پتی پتی متوالی
ننھی ننھی چڑیوں کے دل یہاں بہلتے ہیں
کھیت کی خموشی سے زمزلے ابلتے ہیں
کاشتکار کے دل کے سب دبے چھپے ارماں
ان حسین خوشوں کی گودیوں میں پلتے ہیں
اک ہوا کے جھونکے سے کھیت ہو گئے ترچھے
جھک کے پھر وہ اٹھتے ہیں گر کے پھر سنبھلتے ہیں
پھوٹتے ہیں آنکھوں سے تازگی کے سرچشمے
جاگ اٹھتے ہیں دل میں کچھ نئے نئے نغمے

دوسری طرف اک شہر اک جہان شور و شر
جھانکتے ہیں پیڑوں کی اوٹ سے ہزاروں گھر
چمنیاں دھنواں سقف و بام پر اگلتی ہیں
ایک دھند سی چھائی ہر طرف ہے بستی پر
اس دھنویں میں ہے شامل بستیوں کی آہِ دل
اس دھنویں میں ہے شامل آرزو کی خاکستر

گونجتا ہے غاروں میں سازِ دل کا زیر و بم
بر بطِ عقیدت پر نغمۂ نشاط و غم
سرد سرد کچھ آہیں گرم گرم کچھ انفاس
مرتعش ہے ہر جذبہ منعکس ہے ہر احساس
ضربِ تیشہ کی اب بھی آ رہی ہے اک آواز
کہہ رہا ہے صدیوں کے سوز و ساز کا اعجاز
ہم نے فتح کے پرچم رفعتوں میں لہرائے
تیرگی میں بھی مشعل لے کے ہم اتر آئے

ایک سمت پانی کی لہر لہر رقصاں ہے
جھنڈ ہیں سند ولی کے اور وسیع میداں ہے
اس وسیع میداں میں اک طرف کنارے پر
جھیل سے ذرا ہٹ کر ایک شہرِ ویراں ہے
کچھ شکستہ بام و در اور چند سوکھے حوض
کچھ مزار خاموشی جن پہ فاتحہ خواں ہے
انقلابِ دوراں نے سب مٹا دیا لیکن
اک عمارتِ کہنہ آج بھی نمایاں ہے
کچھ رفیع مینارے اب بھی مسکراتے ہیں
رہروؤں کو صدیوں کی داستاں سناتے ہیں

دیکھنا رہ دلرس کے ہاتھ کا حسین کنگن
جگمگا اٹھا جس سے کوہسار کا دامن
جیسے شمع جلتی ہو شام کے اندھیرے میں
جیسے چاند ہو محصور بادلوں کے گھیرے میں
جٹے شیر کا جیسے پربتوں میں نظارہ
جیسے خشک صحرا میں چھٹ رہا ہو فوارہ
تاج کی الگ ہے بات تاج غیر فانی ہے
ارجمند بانو کے پیار کی نشانی ہے
مقبرے میں دلرس کے ایک ماں ہے آسودہ
اک سفید آنچل ہے گم شدہ جوانی ہے
اِس کے ساتھ لپٹا ہے سایہ کوہساروں کا
اُس کے ساتھ جمنا کی پرسکوں روانی ہے
عشق کی نغاں ہے وہ حسن کا مِراں ہے وہ
ماں تا کے دامن کی چھاؤں یہ سہانی ہے
چاند سی جبیں پر وہ اک سہاگ کا جھومر
یہ سفید بالوں کا نور آسمانی ہے
وہ ہے اک اچھوتا نقش مرمریں چٹانوں پر
یہ سفید پتھر پر اِس کا نقش ثانی ہے
پیار کے اجالے سے سنگ و خشت تابندہ
پیار کے سہارے سے زندگی ہے پائندہ

شاہراہ سے لگ کر اک کہن عبادت گاہ
سرنوشت دوراں کا کوئی رازداں جیسے

خوش نما گمراں پیکر نقشِ محکم و سادہ
سنگ و خشت میں لپٹا نورِ خاکداں جیسے
اس کا صحن بے سرحد عام خاص کا میداں
در کشادہ ہر جانب اس کا سائباں جیسے
طاق و منبر و محراب سوز و ساز کے ہنگام
یوں دکھائی دیتے ہیں، ہوں نہ درمیاں جیسے
نقش سجدہ پر قائم اس کی جاوداں بنیاد
ہے سرشتِ انساں میں ایک لونہاں جیسے
یاس کے اندھیرے میں اور غم کی راتوں میں
اس کا نشاں جیسے صبح کا سماں جیسے
چہچہوں سے بچوں کے صحن سیڑھیاں گلزار
کل کی صبح کو ان کا نغمۂ اذاں درکار

اس فصیل نے مجھ کو اک نیا یقیں بخشا
سرد راکھ میں جیسے جاگ اٹھے شرارے سے
پھوٹتی ہوئی دیکھیں میں نے کچھ حسیں کرنیں
ایک ایک ذرے سے اور سنگ پارے سے
کر رہے ہیں سرگوشی جھنڈ کچھ سندولی کے
سوچتے ہیں بڑھ جائیں جا ملیں منارے سے
کچھ ہیں ان میں نورستہ شوق نارسا جن کا
ہر گھڑی جلاتا ہے ان کے دل پہ آرے سے

شوخ و شنگ کرنیں بھی جھیل میں نہانے آئیں
بے قرار موجوں پر ناچ اٹھے ستارے سے
اف کنول کے پھولوں کا یہ تبسم شیریں
کانپ اٹھے ہیں شرما کر موج کے اشارے سے
زندگی کے اس رقص بے خودی کو چمکانے
آگئے ہیں طائر بھی چند پیارے پیارے سے
دور پھر وہ گونج اٹھی بانسری کی میٹھی لے
سرخیاں جھلک اٹھیں پھر ہر اک نظارے سے
کاروانِ ہستی ہے دمبدم تپش اندوز
آرزو کی گرمی سے عشق کے شرارے سے
ہم بھی اپنے قدموں کو تیز تیز تر کر لیں
اپنے عزم محکم کو اپنا ہم سفر کر لیں

★

ایلورہ

آج اس دل کو سکون دل گوتم کی تلاش
دور ویرانوں میں لے آئی ہے

ان گپھاؤں میں کوئی بزم سجی ہے جس کی
شمع تابندہ ہے گل تازہ ہیں
جام گردش میں ہیں ساقی کا کرم ہے سب پر
بند آنکھوں سے چھلکتا ہے سرور ازلی
در و دیوار سے ٹکرا کے ہوا گاتی ہے
روشنی تپتے ہوئے مہر کی پابوسی کو
چاندنی بن کے گذر جاتی ہے
سحر و شام کے لمحات رواں آتے ہیں
اور گاتے ہوئے تعظیم سے جھک جھک کے گذر جاتے ہیں
ہے فضاؤں میں فرشتوں کے پروں کی آواز

دیکھ کر مجھ کو مچلنے لگی ہر لب پہ تبسم کی کرن
ایک آواز اٹھی

جادۂ راز ہے یہ رہگذرِ عام نہیں
تشنگی کیوں تجھے لائی ہے یہاں
خود تیرے ہاتھ میں کیوں جام نہیں
زندگی خود بھی چھلکتا ہوا پیمانہ ہے
پینے والے ہوں تو تلچھٹ کی خبر لاتے ہیں
آتشِ جہد کی تندی سے یہ مئے بنتی ہے پیمانہ گداز
پینے والے ہوں تو سرمستیٔ جاوید کا سامان بھی ہے
کوئی میخانۂ ہستی میں تہی جام نہیں

نشۂ حسنِ عمل نے ہمیں سرشار کیا
ہم نے اک سوئے ہوئے عہد کو بیدار کیا
دردِ یاراں سے تڑپتے رہے مثلِ امواج
اور پھر ابرِ رواں بن کے اُٹھے

کھل کے صحراؤں پہ اور دشت و دمن پر برسے
کشتِ مشرق پہ بہاروں کے وطن پر برسے
نشۂ حسنِ عمل فیضِ بہاراں بن کر
رچ گیا ہر شجر و برگ میں ہر غنچے میں
ہم نے اک عہد کو سرشار کیا
خود بھی سرشار ہوئے
دہر کے محرمِ اسرار ہوئے
اس تصور ہی سے سرمست ہے یہ بزمِ قدیم

تشنگی کیوں تجھے لائی ہے یہاں
جادۂ راز ہے یہ رہگذر عام نہیں

میں دھندلکے سے نکل آئی پشیماں ہوکر
نیلے آکاش میں دہکے ہوئے سورج کے تلے
کتنی اجلی ہے فضاء
جوشِ برنائی کی ضو چھنتی ہے نظاروں سے
وادیاں گونجتی ہیں گرتے ہوئے جھرنے کی جھنکاروں سے
ناچتی پھرتی ہیں کرنیں ہرسو
گُدگُداتی ہے ہری دوب کو آزاد ہوا
وحشت میں حسن ہے ہنگامے ہیں معموری ہے
اور بستی میں وہ سناٹا کہ احساس کا دم گھٹتا ہے
رہگذاروں میں ہیں چلتی ہوئی لاشوں کے ہجوم
زندگانی کی سزا ضعف ہے، مجبوری ہے
گیس و بارود کی بد بو سے فضاء ہے مسموم
انتہا علم کی چنگیزی و تیموری ہے
عشق ہے تاب و تواں سے محروم
اور جوانی کا صلہ یاس ہے مہجوری ہے
فکر پر قید ہے
صرف حق کہنے میں رسوائی کا اندیشہ ہے
آبرو وصید ہے
زندگانی کی فغاں تیز و شرر پیشہ ہے

ہر طرف ظالم و مظلوم ہی ہیں
حاکم و محکوم ہی ہیں
کس سے پوچھیں کہ ہے انسان کہاں
کس سے پوچھیں کہ ہے کیوں آج بھی
زنداں یہ جہاں

تشنہ لب عہد کو کیا کیا ہیں تقاضے مجھ سے
اور خاموش ہوں میں
میرے شیشے میں ہیں خوبیں آنسو
حوصلوں آرزوؤں اور امنگوں کا لہو
یہ ندامت مجھے آبادی سے
دور ویرانوں میں لے آتی ہے
دیپ غاروں میں جہاں جلتے ہیں
اور فطرت کے سکوں زار میں
نغمات ؔسیں پلتے ہیں ؟

★

خوابوں کی انجمن

چارسو فضاؤں پر اک غنودگی چھائی
پھر ہوائے جاں پرور مژدۂ سکوں لائی
رات نے زمانے پر نیند کا فسوں پھونکا
دشت و در کو نیند آئی بحر و بر کو نیند آئی
تیز ہوگئیں کچھ اور جھینگروں کی جھنکاریں
اوج گنبد شب سے گونج ان کی ٹکرائی
تیرگی کے نرغے میں کانپ کانپ اٹھے تارے
کر رہا ہے روشن تر ان کو خوف پسپائی
کارواں ہیں آوارہ ان گنت جہانوں کے
کوئی حد بھی رکھتی ہے یہ خلا کی پہنائی
وقت کا سفینہ بھی دھیرے دھیرے بہتا ہے
رات کے سمندر میں ہے عجب سکوں زائی
رفتہ رفتہ چاند ابھرا اور اس کی کرنوں نے
کائنات کی ہر شے روشنی میں نہلائی
پتیوں پہ پیپل کی بجلیاں سی لہرائیں
گنبدوں مناروں پر آئی تاب سینائی
سایے میں درختوں کے اپنے جال بننے کو
ٹہنیوں سے چھن چھن کر روشنی اتر آئی

خار و خس پہ بھی چمکا نورِ حسن کا پرتو
سامعہ میں گونج اٹھی دھیمی دھیمی شہنائی
بہکے بہکے خوابوں کی ہم نشیں ہے بیداری
سوزِ آرزومندی ہے ندیمِ تنہائی
بزمِ ماہ و انجم میں کوئی بھی نہیں ہمراز
درد کی کسک دے کر سب بنے تماشائی

کسی سے پوچھنے جائیں دل میں یہ چبھن کیوں ہے
راز جو نظر کیوں ہے راز کا چلن کیوں ہے

تال میں خلاؤں کے یہ کنول سی دنیائیں
مضحکہ اڑاتی ہیں جو حیاتِ فانی کا
کون ہیں مکیں ان کے کیا ہیں کیش و دیں ان کے
دائرہ ہے کس حد تک ان کی حکمرانی کا
کیا ملی ان کو بھی دردِ عشق کی دولت
یا خرد کو دعویٰ ہے دل کی پاسبانی کا
دھوپ چھاؤں کی مانند کیا وہاں بھی جاری ہے
کھیل مرگ و پیری سے طفلی و جوانی کا
خیر و شر کی ٹکر ہیں کیا وہاں بھی رہتا ہے
قیصری کی سطوت سے معرکہ شبانی کا

ہفت رنگ سورج ہیں ان فضاؤں میں تاباں
کیا اثر ہے ذروں پر ان کی ضوفشانی کا

ہو نمود ہستی کی شکل کوئی بھی لیکن
تاب و تب ہی عنواں ہے زیست کی کہانی کا
ایک اک جہاں میں ہم ایک اک جنم پائیں
تب سمجھ سکیں شاید راز زندگانی کا
امتحاں نئے ہوں اور رنج و غم انوکھے ہوں
ایک اک رخ دیکھیں جورِ آسمانی کا
مثل موج مٹ مٹ کر زندگی ابھر آئے
ساتھ دے سکیں پیہم وقت کی روانی کا
جستجوئے سرگشتہ شاید ان فضاؤں میں
پا سکے کہیں اک دیس حسن و شادمانی کا

کوئی دھندلا دھندلا سا گنگناتا سیارہ
جستجو میں ہو اپنی مدتوں سے آوارہ

اس کی صبح روشن ہو اس کے دن ہو چمکیلے
شام لازپیکر ہو شب سیاہ گیسو ہو

برف پوش پربت ہوں نیلے نیلے ساگر ہوں
بن گھنے ہوں اور ان میں کوئلوں کی کو کو ہو
اس کے سبزہ زاروں میں آئینے ہوں جھیلوں کے
بکھرے بکھرے ریوڑ ہوں اور نئے کا جادو ہو
اس کے گلستانوں میں رنگ و نم کے طوفاں ہوں
موتیا کے کلیاں ہوں کیوڑے کی خوشبو ہو
اس کی داستانوں میں ہو وقار صدیوں کا
ان میں ہو کوئی پرتاب ان میں کوئی ٹیپو ہو
بدلیوں کے سائے میں معبد اور شوالے ہوں
ہوں صنم گپھاؤں میں تاج اک لب جو ہو

کھیت لہلہاتے ہوں ندیاں چھلکتی ہوں
پنگھٹوں پہ پیتل کی گاگریں چمکتی ہوں

بستیاں نہ جلتی ہوں کارواں نہ لٹتے ہوں
در بدر نہ پھرتے ہوں خانماں بدوش اس میں
ڈھل نہ جائے اشکوں میں ڈھل نہ جائے آہوں میں
گونجتا جو آیا ہے نغمۂ سروش اس میں
گر پڑے نہ خود اس کی برق اس کے خرمن پر
مزرعہ نہ آدم کا ہو سیاہ پوش اس میں

سب نہال گلشن کے بے جھجک پھلیں پھولیں
شاخ گل کو اپنے گل ہوں نہ بار دوش اس میں

ململجے دوپٹوں میں ہوں دھنک کی رنگینی
ہر سکھی مسرت کے گیت گائے ساون پر
کیوں سموم کی مانند کوہ و دشت میں بھٹکیں
بن کے ابر منڈلائیں زندگی کے گلشن پر

کنج بے نوائی میں لب کشائی کا دستور
راکھ راکھ دل روشن دھڑکنوں سے ہیں معمور

بہتے بہتے خوابوں کی آب جوئے سیمیں پر
ناگہاں حقائق سے میری ناؤ ٹکرائی
کھو گئے وہ روشن خواب ایک آن میں جیسے
خوف جاں سے رم کرجائیں آہوان صحرائی
اے وطن بتا تجھ کو چھوڑ کر کہاں جائیں
تیرے ذرہ ذرہ سے ہم نے روشنی پائی
دل کی دھڑکنوں میں ہے رات دن یہی دھڑکا
کل کے دن کہاں نازل ہوگی شام تنہائی

بے قرار ہے دل میں شعلۂ بار ہے طلب میں
اک فغاں کہ ہے جس میں فصلِ گل کی رسوائی
اے بہشتِ گم گشتہ تجھ میں تجھ کو ڈھونڈے گی
تجھ میں تجھ کو پائے گی میری آبلہ پائی

سازگار ہوگا پھر وقت یا نہیں ہوگا
اب تو جو بھی ہونا ہے فیصلہ یہیں ہوگا

★

سیتا

ترا نام لے کر سحر جاگتی ہے
ترے گیت گاتی ہے تاروں کی محفل
تری خاکِ پا ہند کا رازِ عظمت
تری زندگی میرے خوابوں کی منزل
کہانی تری سن کے تھرا اٹھی میں
دھڑکنے لگا دھیرے دھیرے میرا دل

چھپائے ہیں سینے میں کچھ راز اپنے
دکن کے کہستاں کی تپتی چٹانیں
مسافر کچھ آئے تھے ان جنگلوں میں
فضا میں ہیں بکھری ہوئی داستانیں
وہ ہمدرد آنکھیں وہ باتوں میں جادو
وہ مضبوط بازو وہ بھاری کمانیں
وہ اک خود فراموش پی کی پجارن
گئی بیتیوں کی ندی کا کنارا
نگاہوں سے چھنتا ہوا نورِ الفت
جبیں پر فروزاں وفا کا ستارہ

برستے ہوئے پھول خوشیوں کے ہر سو
زمانہ بھی تھا رک کے محو نظارہ

وہ پیہم سفر وہ حوادث کے طوفاں
وہ پیروں میں چھالے وہ ہنستی نگاہیں
کبھی دل کو غربت میں بہلائے رکھنا
کبھی دیس کی یاد میں سرد آہیں
رہی سالہا سال تو جادہ پیما
یہ دھن تھی کہ طے ہوں ریاضت کی راہیں

مگر آزمائش تھی کچھ اور باقی
ابھی سامنے اور بھی امتحاں تھے
اسیری پھر اک راکشس کی اسیری
بہت دور تجھ سے ترے پاسباں تھے
تری پاک فطرت مگر اک سپر تھی
ترے سامنے راکشس ناتواں تھے

اُٹھے پھر ترا نام لے کر جواں کچھ
جری حوصلہ مند سچے جیالے

ہلا ڈالے ایوان اک سلطنت کے
ترے پاسباں تھے بڑے آن والے
تری واپسی کر رہی تھی یہ اعلان
کہ مٹتے نہیں ظلمتوں سے اُجالے

سہے جو ستم بن گئے سب فسانہ
تلافی کا اب آ رہا تھا زمانہ
ہوئی آہ لیکن یہ کیسی تلافی
دوبارہ ملا جنگلوں میں ٹھکانہ

صلیب ایک باقی تھی جو مامتا کی
اسے بھی تو لازم تھا تنہا اُٹھانا
عجب ہیں یہ اسرار وصل و جدائی
کہ منزل کو پا کر بھی منزل نہ پائی
یہ کیسا ستم تھا کہ عفت کی دیوی
ثبوت اپنی عفت کا دینے کو آئی
وہ شعلے کی مانند شعلوں سے گزری
وہ بجلی سی بن کر زمیں میں سمائی

زیرِ چرخ کہن

نیم شب قہقہہ بوم کا
گونجتا گونجتا
آسمانوں سے ٹکرا گیا
چاندنی کی چمک تیاگ کر
چاند جلتا رہا
اک سفاک دل
کس خشونت سے ہنستا رہا
جیسے اپنا خدا ہی نہیں

کوہساروں پہ مرقوم
صدیوں کی شہنائیاں
شورِ ناقوس و بانگِ اذاں
پتے پتے پہ منقوش چھکاریں
چشموں میں ڈوبا ہوا لحن نئے
سب ہی دم سادھ کر چپ رہے
اور تاروں جڑا گنبدِ بے ستوں
بے تعلق سا تکتا رہا

زیرِ چرخ کہن کس طرح دل مرا خوں ہوا

درماں

کل تک جس چشمے کے کنارے ہریالی کے میلے تھے
آج وہاں پہنچے تو دیکھی ریت کی لمبی راہگذار
کچھ دہکی دہکی سی چٹانیں کچھ سیپیں بکھری بکھری
دھول میں انگاروں کی طرح لو دیتے رنگ برنگے گار
کب چھائے گِھر گِھر کے گھٹا اور کب برسے تھم تھم کے پھوار

کل تک میدانوں میں جھرنے تھے جھیلوں کے تابندہ نگیں
جن کا تعطر عیسٰی دم تھا جن کا تبسم شہد آگیں
کل تک خنداں تھے وہ کنول اور آج نظر آتے ہی نہیں
کل تک چہکاریں زندہ تھیں ان عریاں ٹیلوں کے قریں
اب پھر کب موسم کا کرم ہو اب پھر وقت ہو کب شیریں

سوکھی گھاس میں چنگاری ہی پڑے کچھ تو ہنگامہ ہو
کچھ تو رنگ اڑے وادی میں کچھ تو لے آنکھوں کو قرار
فرقت بادِ بہاراں میں ویرانے آہیں بھرتے ہیں
کتنے چمن سینے میں چھپائے چُپ چُپ ہیں کلیوں کے مزار
کون کرے آندھی میں اڑتے آوارہ پتوں کا شمار

اک راہی کہتا ہے ہم بھی دیکھیں وہ شاداب ارم
جس کی مہک نغمہ سے تمھارے اب تک چھنتی ہے پیہم
کیسے کہیں ہم کو جھٹلاتے ہیں اس نگری کے موسم
بارشِ فیض یہاں کم کم ہے شعلۂ دل مدھم مدھم
پھر بھی اس ویرانے میں ہم بیٹھے ہیں باچشمِ نم

اس کی یاد معطر کا رس قطرہ قطرہ پی کے پلے
شبنم کی ہلکی سی نمی بھی پائی تو اس میں ڈوب چلے
کرنوں کا پیغام سنا اور شعلہ بن گلشن میں جلے
موسم کی سنگینی جھیل چکے رہوے آلام سے تلے
پھر بھی ہم نے داغ چھپائے پھر بھی ہم خوشبو میں ڈھلے

موسم اک اندازِ نظر ہے موسم اک کیفیت دل
اک تصور سے ہنستی ہے ذہن میں غنچوں کی محفل
اک خیال سے بھیگی آنکھوں میں ہے اشکوں کی جھلمل
گاہ اندھیری راتوں میں ہم مہر بکف اور ماہ بدل
گاہ سنہری دھوپ میں راہیں گم اور ناپیدا منزل

رنگ پریدہ نکہت رفتہ لوٹ آئے ممکن ہی نہیں
پھر سے کشید نکہت و رنگ کا ساماں ممکن ہو تو کرو
اس بِچھڑائے ہوئے احساس کا درماں ممکن ہو تو کرو
ہم ورنہ صحرائے فراموشی میں کھو جائیں نہ کہیں
پیار کی کرنو! اس منزل کو آساں ممکن ہو تو کرو

دل کی وسعت خوب ہے لیکن یوں نہ بنے ویران خلا
جس کے دامن سے ہر جگ ہر تار اُٹوٹ کے بکھر جائے
اس سناٹے میں ہم ڈوبے تڑپے اور اُبھر آئے
ہم سے نشیب کے اجڑے دشت رفاقت نے آنسو مانگے
ہم عظمت کے پربت کے شکھروں کو چھو کر لوٹ آئے

تو تارِ رشتۂ دل پھر جوڑا بیتے گاتے زمانے سے
ظلمِ دہر سے تغیُّرِ موسم کی کچھ امید بندھی
کچھ تسکیں کا اجالا اترا نورِ ازل کے خزانے سے
کچھ خاموش نگاہوں نے دکھ پہچانا غم خواری کی
دل معصوم بہت تھا اپنا بہل گیا بہلانے سے

خلد آباد کی سرزمین

"خلد آباد اورنگ آباد سے چند میل کے فاصلے پر ایک بستی ہے جن پہاڑیوں میں ایلورا کے غار ہیں انھیں پر یہ بستی بسی ہوئی ہے۔ حضرت نظام الدین اولیاؒ نے اپنے جن شاگردوں کو دکن روانہ کیا تھا ان کی ایک بڑی تعداد اسی سرزمین میں محو خواب ہے۔ کبھی اس جگہ کو دکن کا کشمیر کہتے تھے۔" (شعریٰ)

کوہساروں کا اوداوداھواں نیلے آکاش کا راز دار
خامشی تہہ بہ تہہ موج موج جیسے اک قلزم بے کنار
رہگزاروں میں بوئے خرام اور ہوا میں اُمنگوں کا جوش
اِن فضاؤں میں ہے بے نقاب زندگی کا جمال و وقار

خلد آباد کی سرزمیں گنبدوں مرقدوں کی امیں
تیری شاموں میں خوابوں کے رنگ تیری صبح میں خیالوں کے روپ
تیرے پیڑوں کے سائے تلے کھیلتی ہے ہوائے بہشت
راگنی سے سجل تیری چھاؤں چاندنی سی جبیں تیری دھوپ

تیری مٹی میں غلطاں نجومِ چرخ کے اختروں سے سوا
تیرے چشمے کبھی تشنہ لب لالہ زاروں کے غم خوار تھے
لہلہاتی تھی کشت ہنر مسکراتا تھا گلزارِ عشق
کچھ مسافر یہاں خیمہ زن مثلِ ابر گہر بار تھے
ان کی آنکھوں میں تسخیر کا سحر تھا جادوئے مہر تھا
ان کے قصر سرافراز میں بادشاہی کے انوار تھے
جبر پیہم نے جب بھی لیا تابِ گفتار کا امتحاں
ان کے نعرے فضا میں بلند ان کے لاشے سردار تھے
دن کو تھے دست خاراشکن رات آہ شبگیر تھے
خواب میں تھا زمانہ مگر حوصلے ان کے بیدار تھے
داریو! کتنے سورج ہوئے اس پہاڑی کے پیچھے غروب
تم کو لازم تھی آہ و فغاں اور انھیں ڈوبنا تھا ضرور
یہ حقیقت کی بستی ہے یا کوئی دھندلی سی اقلیم خواب
دو نفس جس میں پرچھائیاں اوڑھتی ہیں ردائے ظہور
بادِ صرصر کی زد میں قطار جلتے بجھتے چراغوں کی ہے
گاہ ہیچاں ادھر موجِ دود گاہ جوشاں اِدھر سیل نور
صبح تاریخ کی روشنی پربتوں پر بکھرتی ہوئی
تیشہ ہائے پیاپے کی گونج رقص کرتی ہوئی دور دور
بُت تراشوں کی پرچھائیاں مست نظارہ دیوانہ وار
پتھروں سے چھلکتا ہوا پیار کا مدھ ہنر کا غرور

گاہ پیڑوں کے سایے تلے جلوۂ آگہی کی نمود
بادِ صحرا میں جلتی ہوئی مشعلِ فطرت ناصبور
قرنہا قرن گاتا رہا برہمن اپنے شیریں بھجن
نسل ہا نسل بٹتا رہا جامِ گوتم کا کیف و سرور
سالہا سال گونجا یہاں نغمۂ "مصطفےٰ" جس کا سحر
رشکِ آموز زلزالِ صور رشکِ آموز سازِ نشور
اہلِ توحید کی محفلیں محوِ تاب و تب و درد و داغ
ہر گپھا پر حرا کا گماں ہر پہاڑی پہ انوارِ طور

دیپ مالا مہ و مہر کی جگمگاتی رہی راہ میں
اور کرتے رہے قافلے حدِ آفاقِ ہستی عبور
راہ پیما ہے یہ کائناتِ صورتِ نکہت و رنگ و نم
ہے رواں مثلِ موجِ نسیم کاروانِ شہور و دہور

میٹ کر تیرے آثار کو بڑھ نہ جائے زمانے کا سیل
میرے نغمے میں ہو جا مقیم میرے اجداد کی سرزمیں
میری بیتابیٔ آرزو تیرے ساغر سے سیراب ہو
یہ بھٹکتی ہوئی زندگی تیرے اسرار کی ہوا میں
اس بیاباں کی پر سوز خاک میرے ماتھے سے چھٹنے نہ پائے
گھر کے آفات میں کھو نہ دوں ہاتھ سے تیرا دامن کہیں

عمر ہا عصر بٹتا رہے ور نہ رہ نوردان شوق
جن کے نقش قدم سے تری وادیاں رشک ایمن ہوئیں

خلد آباد کی سرزمین چیخ اٹھی ہو کے بے اختیار
چیخ اٹھا ہو کے بے اختیار اس کے غم گین دل کا نزود
کہہ رہی ہے کہ اے راہ رو میری مٹی کو پیہم نہ چوم
اس فضا کی گھٹن بھی تو دیکھ جس فضا سے ہے دل کی کشود
اک جہاں تھا جو گم ہو چکا اک جہاں ہے جو نادیدہ ہے
آہ آنکھوں کی ویرانیاں جیسے اقلیم عاد و ثمود
تو نے دیکھی تو ہو گی یہاں کاروبار گدائی کی دھوم
تو نے دیکھا تو ہو گا یہاں نیند میں کاروانِ وجود
غنچۂ نو شگفتہ سے نرم ہاتھ کشکول تھامے ہوئے
خاک و خوں میں تڑپتا ہوا کتنی صبحوں کا رنگ نمود
ان نظاروں سے میرا دیار داغ دامانِ عالم بنا
ان نظاروں نے بکھرا دیے میری تقدیس کے تار و پود
لالہ و گل کے رنگین ڈھیر کھو چلے اپنی شیریں مہک
کھو چلے اپنی شیریں مہک صندل عطر دلوبان عود
نے بہار گذشتہ کے نقش سے نے نئی فصل کی آہٹیں
مدتوں سے نہیں ہے یہاں مژدہ در طائروں کا درود

آ کریں مل کے اے راہ رو اپنی فریاد پنہاں بلند
پھونک دیں صبر کی کشت کو جس کا حاصل زیاں ہے نہ سود

خلد آباد کی سرزمین! مجھ کو فریاد کی خو نہیں
میرے گزرے ہوئے روز و شب میری آنکھوں کے آنسو نہیں
جن امنگوں کا خون ہو چکا ان کا مدفن یہ پہلو نہیں
(جو امنگوں کا اک سیل تھا میرے سینے میں وہ دل تو ہے)
مجھ کو دیدار کی تشنگی مجھ کو نظاروں کی پیاس ہے
چند جلوے ہوئے گم تو کیا چشم بینا مرے پاس ہے
میری نظریں سلامت رہیں مجھ کو نظاروں کی آس ہے
(میری نظریں سلامت رہیں میری کھیتی کا حاصل تو ہے)
ان کی محفل نہیں ہے نہ ہو میں تو ہوں میری محفل تو ہے
ان کی محفل کا نور و سرور میری محفل میں شامل تو ہے
آرزو میری بھرپور ہے میرا اخلاصِ کامل تو ہے
(جو امنگوں کا اک سیل تھا میرے سینے میں وہ دل تو ہے)
تیرے ساگر کی ایک ایک لہر تیر آب بقا تیرا زہر
تیرا ہر دور ہے مجھ میں گم میری فطرت ہے دارائے دہر
شاخ ایجاد سے کونپلیں پھوٹتی بھی ہیں جھڑتی بھی ہیں
سب کے ہونٹوں پہ مٹی کا رس سب کے دل میں رواں خون نہر

بسمل آرزو دلِ دہی میری راہوں کی منزل دہی
آج بھی منتظر ہیں مرے معرکے کچھ درلائے سپہر
میں منادی کروں گی ترے گنج پنہاں کی بازار میں
لے اڑوں گی مثال صبائیں تیرے عطر کو شہر شہر

آج تک میں جلاتی رہی تیرے در پر مرادوں کے دیپ
آج سے میرے نغمے میں تو اپنی شمع مقدر جلا
میری آواز کے سوز میں شعلۂ جاوداں بن کے جل
گھٹ کے اِن وادیوں میں نہ رہ حدِ آفاق تک پھیل جا
تیرے رنگ کہن کے بغیر نقش عصرِ رواں نا تمام
نقشِ عصرِ رواں کے بغیر تیرا رنگ کہن بے بقا

سمتیں

اک پگڈنڈی سے ہنستے گاتے آئے
اک دوراہے پر ان میں تکرار ہوئی
جیت گئے آدرش کے تارے جیت گئے
ہار ہوئی برسوں کے ساتھ کی ہار ہوئی

مل کر کھیل رہے تھے کچھ جگنو دیکھے
جوشِ تعاقب نے ان کو دیوانہ کیا
بکھرے اٹھ کر جدا جدا میدانوں میں
معصوموں کو سمتوں نے بیگانہ کیا

نیند میں ڈوبی چھاؤں گھنے پیڑوں کے تلے
اپنی خنکی کی چھاگل چھلکاتی ہے
لیکن دم لینے کو ذرا بھی ٹھہریں تو
بچھڑے ہمسفروں کو یاد ستاتی ہے

ان سمتوں نے آنکھوں کو آنسو بخشے
ان سمتوں سے رسم جدائی عام ہوئی
ان سمتوں کا حال سنانے بیٹھیں تو
ہر بن مو سے خون کی بوندیں ٹپکیں گی

سب کو اپنا اپنا گیت سنانا تھا
سب کی آنکھوں میں اک خواب سہانا تھا
جس نے مہک تعبیر کی جس جانب پائی
اس کو ادھر ہر حال بڑھتے جانا تھا

ان سمتوں سے بھرم رفتار کا ہے قائم
ان سمتوں سے بچ کر جائیں بھی تو کہاں
ان سے پرے نروان کی سونی نگری ہے
اور اگم طوفانوں کا ہے زیست یہاں

راہی سب سے روٹھو لیکن مت روٹھو
اپنی میٹھی اور منوہر بانی سے
اس لہجہ سے جس پر سب مفتون ہوئے
جس کی بدولت لگتے ہو لاثانی سے

ذہن بکھرتے ہیں چھٹکے تاروں کی طرح
اپنے حلقوں میں اپنے انوار لئے
لیکن دل ۔ موجیں ہیں ایک ہی دریا کی
ایک ہی نغمہ کے گہرے اسرار لئے

راہی یوں نہ سمجھنا بازی ختم ہوئی
جنم جنم ہم راہوں میں ٹکرائیں گے
جنم جنم چمکیں گے اشارے سمتوں گے
دل کی قسمت کے تارے گہنائیں گے

★

مسافر پرندے

افق تا افق نیلگوں آسماں
مسافر پرندوں کی منزل کہاں
بہت دُور پیچھے کو اس بحر کے ماورا
اترتی رہی برف، جمتی رہی تہہ بہ تہہ آشیانوں کے پاس
تب نظارے نظر آشنا
اذنِ آوارگی زاد افسردگی دے کے ٹھہرائے باچشمِ تر

کہ شاید بہت دور آگے کو
اس بحر کے ماوراء
زمرد جڑے ساحلوں نے سنا ہو سلام عید کا
دھوپ کے جشن آہٹیں
نغمۂ گرمِ خورشید کا

افق تا افق نیلگوں آسماں
کوئی شاخِ گل ہے نہ کوئی منڈیر
گھڑی دو گھڑی پنکھڑی جیسے پر جوڑ کر بیٹھ جائیں، جہاں
گھڑی دو گھڑی چہچہائیں جہاں

کوئی اپنے دکھتے پروں کو سمیٹے اگر راہ میں گر گیا
ذرا بھی فضاؤں کا دامن نہ بھیگا

نہ وحشی ہواؤں کا طوفاں رکا
ستارے بدستور نیلاہٹوں میں چمکتے رہے
مثل گرداب گرداں شب و روز کی چرخیاں
مسافر پرندوں کی منزل کہاں

بہت دور پیچھے کو اس بحر کے ماورا
ہر نئی دلکشا راگنی منجمد
زیرِ اہرام یخ محوِ خواب
ساز نہروں کے دربار فصل بہاراں کے
تابوت صد رنگ ٹیلوں کے پھولوں کے
تاج و گہر
منجمد زندگی کی فغاں

بہت دور آگے کو اس بحر کے ماورا
وہ اک روشنی کا جہاں
وہ اک گل پس خارزار
وہ اک دانۂ زیرِ دام
اسے دیکھنا اور ٹھٹکنا بھی کیا چیز ہے

مگر آہ اس موڑ پر آج پرواز و آواز ہی
حاصل مشت پر
حاصل داستاں پر

خلا بیکراں

تہی نور سے تہی نار سے
تہی وقت کے سب اسرار سے
نحس سرد مشئوم

گھٹا، چاندنی، دھنک کہکشاں
کوئی راہرو، کوئی کارواں
نہیں اس کا مقسوم

نہ تھا کچھ نہ ہے نہ ہو گا کبھی
سبھی پی کے اک گھنی تشنگی
ہوئی خود بھی معدوم

دل بے ثمر، رہ بے سفر
شب بے سحر کا اجڑا اکھنڈر
عبادت گہہ بوم

خلا بیکراں، خلا سے اماں
بنامِ شرف جو پھیلا یہاں
سبھی کو معلوم ہے

★

صدا بصحرا

سکھی پھر آگئی رُت جھولنے کی گنگنانے کی
سیہ آنکھوں کی تہہ میں بجلیوں کے ڈوب جانے کی
سبک ہاتھوں سے مہندی کی ہری شاخیں جھکانے کی
لگن میں رنگ آنچل میں دھنک کے مسکرانے کی
امنگوں کے سبو سے قطرہ قطرہ مئے ٹپکنے کی
گھنیرے گیسوؤں میں ادھ کھلی کلیاں سجانے کی

بیاباں سبزۂ نوخیز سے آباد ہوتے ہیں
سکھی تم بھی جو دل اپنا بسا لیتیں تو کیا ہوتا
حیا، ہے خوف ہے پندار ہے ضد ہے یہ کیا شے ہے
تم اس خود ساختہ زنداں کو ڈھا دیتیں تو کیا ہوتا
ہمیشہ التجائیں رائگاں جاتی رہیں میری
کبھی میری خوشی کی بھی دعا لیتیں تو کیا ہوتا

یہ کیسی آگہی ہے جس کی مشعل ہاتھ میں لے کر
سدا تنہائیوں کے دیس میں پھرتی ہو آوارہ

یہ اک بیم شکست خواب یہ چھو لوں تو کیا ہوگا
اسی سے ہو گئی ہر عشرت موجود صد پارہ
بجز اک روح نالاں چشم حیراں عمر سرگرداں
نہیں تقصیر پرواز نظر کا کوئی کفارہ

قرار قلب زار ہند اور برنائی یوناں
تجلی آل ابراہیم پر پیہم جو اتری تھی
تڑپتا شعلہ گوں خوں جاہلیت کی نواؤں کا
چمک ریگ رواں کی سربلندی نخل صحرا کی
دیارِ حافظ و خیام کی اڑتی ہوئی خوشبو
نگاہ غالبؔ و اقبالؔ کی گیتی شکن مستی

سرور جستجو مغرب کی متوالی ہواؤں کا
سبھی پایا مگر درمان درد بے بسی مشکل
یہ اک آسودگی چہرے پہ، یہ ٹھہراؤ آنکھوں میں
یہ اشکوں سے بھری چھاگل، یہ بے پرواو خود سر دل
چٹاں ہو ؟ دہر کی آتش کو چھو کر بھی نہیں پگھلیں
نہ جانے کون سے اجزا ہیں اس افتاد میں شامل

یہ نرمل جل کا چشمہ یہ دل بے قید و بے پایاں
اسے بھی سمت ملتی اس کی بھی اک رہگذر ہوتی
شباب اپنے جلال حشر ساماں کی قسم کھاتا
شرافت بے زباں فطرت کے دکھ کی چارہ گر ہوتی
نہ ہوتی آرزو نیرنگ، ہستی کی تماشائی
وہ اس بڑھتے بہکتے کارواں کی ہم سفر ہوتی

★

زوالِ عہدِ تمنا

ہوا میں اڑتا ہے کاجل فضا ہے حزن سے بوجھل
ہر ایک کنج کی ہلچل کہر میں ڈوب۔ چلی ہے
وہ کہکشاں ہے وہ اس پر سحاب نور کا باراں
یہ اپنا خاک بسر گھر یہ اپنی تیرہ گلی ہے
وہ ماہ نکلا پہ اس کا فروغ بہر فلک ہے
نصیب ارض تو شاید تکدر ازلی ہے
نہ جانے کب سے خیالوں میں اپنے محو کھڑی ہے
وہ اک سکھی جو نزاکت میں موتیا کی کلی ہے

نہ پھول بالوں میں گوندھے نہ گھر میں دیپ جلایا
شریک غم نے منایا مگر نہ ان سے منی وہ
وہ تھک کے لیٹ گئے خواب کے نگر کو سدھارے
مگر دریچے میں اپنے کھڑی سسکتی رہی وہ
ستارے کرتے رہے چشمکیں تو کچھ بھی نہ بولی
کہ ایک شاخ تھی غنچوں کے خوں میں ڈوبی ہوئی وہ
نہ جانے دانش و دین و ہنر کا نرخ ہوا اب کیا
روانِ پاک کی قیمت تو جگ میں ہار گئی وہ
نہ ڈھونڈ پائی مداوائے زخم زار تمنا
سمجھ سکی نہ تقاضائے عہد طفل کشی وہ

افق سے تا بہ افق زرد نامراد بگولے
افق سے تا بہ افق اک مہیب سوگ ہے طاری
افق سے تا بہ افق سنگ دل کٹھور چٹانیں
ہر ایک سحر ہے صیاد ہر طلسم شکاری
ہر ایک جادہ میں بوسیدہ استخوانوں کے ٹکڑے
کہیں ہے سوختہ محمل کہیں شکستہ عماری
نہ جہل سے کوئی ڈھارس نہ آگہی سے تسلی
نہ وقت نالہ و زاری نہ ہوش زخم شماری
نہ کوئی نند انھیں اپنی جھونپڑی میں پنہ دے
جو شیام لاڈلے کل تھے وہ آج سب پہ ہیں بھاری
نہ ان کی آگ سے گلشن کوئی ظہور میں آئے
نہ ان کے پاؤں رگڑنے سے رود آب ہو جاری
نہ ان کو تیرہ کنویں سے نکالیں قافلے والے
نہ نیل وقت کی موجوں کو ان کی جان ہو پیاری
نہ ان کے دامن عصمت کو تھام لینے سے چھائیں
گھٹائیں تشنہ دہن بانجھ وادیوں پہ ہماری
نہ ان کی چشم کرم صرصر و سموم میں گھولے
صفائے بادِ سحر دم سرور بادِ بہاری

ہر اک امنگ کی تتلی نے جیسے جوگ لیا ہے
ہر اک امید کے جگنو نے تن پہ راکھ ملی ہے

ہزار سالہ مسافت خیال و وہم و گماں کی
اور اس کے بعد بھی پنہاں شعاعِ لم یزلی ہے
جو آس تیرہ گپھاؤں میں جنگلوں میں تھی رہبر
وہ جگمگاتی ہوئی نگریوں میں روٹھ چلی ہے
یہ مامتا ہے کہ شعلوں میں کوئی پھول کی پتی
حیات ہے کہ ابھاگن یہ کوئی کوکھ جلی ہے
یہ کائنات ہے کتنی عظیم کتنی کشادہ
مگر ہمارے تصور کے تنگنا میں ڈھلی ہے
نہ جانے کب سے خیالوں میں اپنے محو کھڑی ہے
وہ اک سکھی جو نزاکت میں موتیا کی کلی ہے

★

فصل نیک فال

اب انتظار کی گھڑیاں گراں نہیں ہوں گی
وہ میرے فصل گذشتہ کے ہم صفیر آئے
چہک رہے ہیں گھنی ٹہنیوں میں چھپ چھپ کر
یہ مجھ کو موسم گل میں کبھی نہیں بھولے
ہمیشہ یاد کی زنجیر میں اسیر آئے
ہر اک بہار میں با نغمۂ و نفیر آئے

اسی جہاں میں کچھ ایسے بھی لوگ رہتے ہیں
کہ جن کو ملتی نہیں ایک دوسرے کی خبر
رتیں بدلتی ہیں موسم خرام کرتے ہیں
بھڑک کے شمع رہ انتظار بجھتی ہے
کہیں سے کوئی سندیسہ نہ پرسش احوال
عجب اندھیرے میں ہم صبح و شام کرتے ہیں

پہاڑیاں ہوئیں کوکو کی گونج سے معمور
بقدر ایک شرر اک دل اور اس کا یہ دم خم

کہ جان کھینچتی ہے گویا ہر ایک تان کے ساتھ
کر گھٹ رہا ہے دھنواں بن کے دل میں شعلۂ غم
یہ کیسی شکل ہے یارب جہاں میں جینے کی
کہ ہر نفس ہو نئی موت اور تازہ جنم

مجھے خبر نہیں پنچھی ! خبر نہیں مجھ کو'
تجھی کو کوئی پتہ ہو تو مجھ سے کہہ دینا
کہ دیس دیس کی پرواز کام ہے تیرا
کہ ہر نواح کی خوشبو ترے مشام میں ہے
تری نوا کے تسلسل میں جس کا نام ہے گم
نہ پوچھ مجھ سے کہ وہ ماہ کس مقام میں ہے

وہ تاجدار چمن فصل گل کی شہزادی
اگل رہی ہے لہو دیر سے ہے فریادی
ارے ارے کہیں شق ہو نہ جائے دل اس کا
وہ اس کا ضبط وہ اس کی تڑپ وہ اس کا خروش
اک آبشار نواگیر رہا ہے تھم تھم کر
کبھی یہ زمزمۂ دلکشا نہ ہو خاموش

ذرا سی ننھی سی منقار کی نئے نازک
لنڈھا رہی ہے خماروں کے خم خیالوں میں
اڈ رہی ہے خنک کونپلوں سے شیریں آنچ
لہو تپاں ہے شگوفوں کے سرخ گالوں میں
ٹپک رہا ہے ہواؤں سے شہدِ ناب کا کیف
انڈیل کر کوئی پی لے اسے پیالوں میں

اسی طلسم میں ہم کھو گئے یہ بات ہے کیا
یہ فصل تو ہے ہم آہنگ ہو کے گانے کی
گلوں کا خندۂ خاموش ہی غنیمت ہے
نہیں ہے فرصت شرح و بیاں انھیں نہ سہی
ہم اپنے نالۂ درد آشنا کی بات کریں
کہ اک نوا سے عبارت ہے زندگی اپنی

اب انتظار کی گھڑیاں گراں نہیں ہوں گی
کہ مل گئی ہے نئی رہگذر خیال کو اب
وہ ایک لمحہ کہ جب گونجتا ہے سازِ وجود
نثار اس پہ کریں فرقت و وصال کو اب
ہر اک شگون مبارک ہے ہر گھڑی شبھ ہے
سکھائیں رمزِ جنوں فصلِ نیک فال کو اب

اسیر

افق کے سرخ کہرے میں کہستاں ڈوبا ڈوبا ہے
بکھیر و کنج میں جھنکار کو اپنی سموتے ہیں
تلاطم گھاس کے بن کا تھا، تارے درختوں کی
گھنی شاخوں کے آویزاں میں موتی سے پروتے ہیں

سبھی سکھیاں گھروں کو لے کے گاگر جا چکیں کب کی
دریچوں سے اب ان کے روشنی رہ رہ کے چھنتی ہے
دھنواں چولھوں کا حلقہ حلقہ لہراتا ہے آنگن میں
اداسی شام کی اک زمزمہ اک گیت بنتی ہے

یہ پانی جس نے دی پھولوں کو خوشبو دوب کو رنگت
حلاوت گھول دی آزاد چڑیوں کے ترنم میں
دہکتے زرد ٹیلوں کے دلوں کو خنکیاں بخشیں
ڈھلا آخر یہ کیسے میرے آزردہ تبسم میں

تبھی گاگر کنارے پہ رکھے اس سوچ میں گم ہوں
کہ یہ زنجیر کیا ہے جس نے مجھ کو باندھ رکھا ہے

★

دھندلکے

دل مرا نیم شب کے دھندلکوں کی مانند آفاق گیر
تلخ و تیرہ حقائق کو زرتار گھونگھٹ اڑاتا ہوا
میں نے بے برگ پیڑوں کو جھومر دیا چاند کا
میں نے سناٹے کو سرمدی صوت کی بانسری بخش دی
میرے تخیّل کی چاندنی کو ہے تزئینِ عالم کی دھن
زہر جتنا اندھیروں میں تھا
میں نے سب پی لیا
اور اپنا تبسم لٹایا گزرگاہوں میں
میں خرابوں پہ برسی برستی رہی
اجڑے کھنڈروں میں آوارہ ارواح کا نالۂ شب تھا
دورِ ظلمت میں الجھا اجالے میں ڈوبا ہوا
دشت کارِ آباد ہے
یا تمنا نہ وہ عہدِ عشق و شباب
پائلوں کی کھنک قلبِ پہنائے عالم میں رچتی گئی
لوریوں کی حلاوت میں ڈوبی ہوئی زندگی
سو رہی ہے بڑی دیر سے میرے دامن میں لپٹی ہوئی

دل مرا نیم شب کے دھندلکوں کی مانند آفاق گیر
اپنی گہرائیوں میں چھپائے کسی زیرِ تخلیق سورج کا راگ
سن رہی ہوں بہت دور سے آہٹیں
جیسے کرنوں کا اک نعرہ زن قافلہ
اس پرت در پرت تیرگی کے طلسمِ کہن کو دھکیلنے کو ہے
روشنی .
اے دھندلکوں کی تقدیرِ برحق !
بتا تجھ کو کیا نذر دوں
میرے نغمہ کو دھن ہے کہ وہ نرم و شیریں ہو
سرمست ہو، دلبری کی اداؤں سے معمور ہو
آگہی منتظر ہے، اسرافیل کے صور کی
سوچتی ہو تجلی خرابوں پہ کتنا ستم ڈھائے گی
روشنی ایک نغمہ بنے گی کہ خاموشیوں میں بدل جائے گی
میں ابھرتے ہوئے مہر کا راگ بننے چلی ہوں مگر
نیم شب کے دھندلکوں کی پرسوز گہرائی بھی
مجھ کو یاد آئے گی
میرے بربط نے صبح ازل دلدہی کی قسم کھائی تھی
آنسوؤں سے میں دامانِ ہستی کے داغوں کو دھوتی رہی
اس فنا گاہ کے ذرہ ذرہ کو خونِ جگر سے بھگوتی رہی
تارے بے رحم افلاک سے ٹوٹ کر

میرے دامن میں پہروں سسکتے رہے
روشنی
(اپنے دل کی دکھن اور دیوانہ پن کے سوا
جس میں مٹتے جہانوں کی فریاد آباد ہے)
میں نے جو کچھ بھی پایا یہاں
سب تری نذر ہے

سترِ حق

درگاہِ سترِ حقؒ پر

ڈھلتی شام کا پگھلا سونا سبزہ پر رخشاں
گھنے گھنے املی کے سایے جھیل پہ دام افشاں
دھنواں دھنواں بانسوں کے بن میں نرم ہوا کا شور
شبنم شبنم چشم نظارہ اک شہر ارماں
بند ہوئے دل تھام کے شوخ کنول ہنگام غروب
ہر سو سطح آب پہ ہے جلتی شمعوں کا سماں

دل کہتا ہے سرِ حق ہے سرِ حق ہے یہ شام
جیسے وہ آنکھیں جن میں چھلکیں خوئے کرم کے سبو
سرِ حق ہے ویرانی میں معموری کا سراغ
پھوٹتی کرنوں کا نغمہ سا دل میں زیر نمو
وقت کے کہرے میں ہیں سرگرداں دل خستہ شہاب
تم ہو ایک گریزاں پرتو ہم اڑتی خوشبو

تم ہو ایک گریزاں پرتو ہم اڑتی خوشبو
جانے کب تک آئیں نظر اور جانے کب کھو جائیں
وقت کی لہروں میں یہ ڈوبتے اور ابھرتے عکس
جشن صبا سے جاگیں نغمۂ انجم سے سو جائیں
شام تنہائی کے حرم میں دست دعا بن جائیں
صبح دید کے میخانے میں جام نظر ہو جائیں

سرحق ہے دیار فنا میں یہ ہستی کا نشہ
یہ قربت اور حد ادب کے نور و نار الاؤ
یہ چھاگل یہ قدیم پیاؤ یہ پل دو پل کا پڑاؤ
منزل تک پہنچیں کہ نہ پہنچیں اس پر جی نہ دکھاؤ
راہیں بھی جزو منزل ہیں ان میں پھول کھلاؤ
کچھ ہم سے احوال سنو کچھ اپنا حال سناؤ

آپ ہی آپ چھلکتا ہے کیوں پھر آنکھوں سے لہو
زیست اگر کانٹوں کا تاج ہے پھر بھی پیاری ہے
کل بھی یہ دریا جاری تھا آج بھی جاری ہے
پیاسوں کا حق پرکھوں کی میراث ہماری ہے

اس کے کنارے تشنہ لبی میں عمر گزاری ہے
پھر بھی آرتی اس کی چپکے چپکے اتاری ہے

کوئی فرات کنارے پائے عظمت محرومی
کوئی فرات کنارے پائے جیت کے طبل و علم
اک چھلنی چھلنی مشکیزہ اپنی مشیت ہے
ہر راہی کی اک منزل ہر دل کا ایک صنم
اک اک قطرۂ آب کی خاطر زخم ہزاروں کھائے
جب تک راہ نظر آئی ہم بڑھتے رہے پیہم

اک قطرہ نہ بچا پانی کا پھر بھی بچ گئی آس
شاید بہلے نم مشکیزہ سے پیاسوں کی پیاس
اور اگر یہ بھی نہ ہو ممکن تب بھی فرض کا پاس
کہتا ہے مقصد بن کر پتھر بھی ہے الماس
منزل جب بن جائے تو اک گل ہے گلشن سے سوا
جس کے لیے شعلوں میں اترے ہم بے خوف و ہراس

سرحق ہے یہ ہنگامہ یہ رونق یہ سرور
گھنی اماوس غم کی خوشیوں کے رنگین ہلال
مےؔ گوں تاریکی میں سمایا ہلکا ہلکا نور
وقت سہانے لمحوں کا ہے ایک چھلکتا تال
سوچ رہا ہے کیا مانگے قسامِ ازل کے حضور
دل، کہ تمازت سے ہے تمنا کی بے سدھ بے حال.

مجذوب

تم اک حقیقت ایک خواب
پاس پاس دور دور
اک شگونِ نیک کی طرح دکھائی دیتے ہو سدا

ریاضتوں نے عرق عرق کر دیا
ڈھلی ڈھلی نگاہ کی نقاہتوں میں
خوابناک غم ہے کیا
بتاؤ دلق پوش اس کا کیف و کم
نمود وقت کے ہر ایک نظم کو جھنجھوڑ کر
وہ تہہ نشیں نشہ جو تم پہ چھا گیا
بتاؤ دلق پوش اس کا کیف و کم

جو تم دریچہ بن سکو
جو تم سے سیلِ نطق پھٹ پڑے
تو ہر کوئی خود اپنی تھاہ میں
کچھ ایسے ڈوب جائے جیسے تم

کہ یہ سدا کے زخم
سنسناہٹوں میں درد کی
ٹھٹھر کے سو گئے تھے
پھر نہ ہوں ہرے کہیں

بسانِ خضر ہاتھ تھام لو
بسان خضر ہاتھ تھام کر لیے چلو
ہمیں نہ کچھ بھی پوچھنے کا اذن دو
نہ خود بھی کچھ جواب دو

کہ بحر کا ہی نیلی لہروں سے
چھلکتا اور چمکتا بحر
اک بول ہے بھرا پڑا

اگر یہ اپنے جوش بے جواز سے
دھنک کے ساحلوں کی روئی سی بکھیرتا ہوا
اتھاہ چپ کی سرد راکھ اڑائی وادیوں کی سمت
چل پڑے
کنارہ تا کنار ان کو پاٹ دے
اگر چل پڑے، سوال
صبر کی سلوں کو توڑ کر وہی،

ہمیں بھی آج اوک سے پلاؤ
جام سے نہیں
کہ ہم کو ریگ زار کی مسافتوں نے ڈس لیا
ذرا سی اوس پنکھڑی پہ جذب ہو سکی نہیں
کہ ہم نے اس کو نغمۂ صبا میں عام کر دیا
گہر نصیب چاک جیبئ صدف کا ماجرا
وہی حقیقتیں جو خواب بن گئیں
وہ جن زلزلوں سے غم کی تھاہ گونجتی رہی
وہ جن کا کرب
تحت و فوق و چار سو سے رس کے
دل میں بھر گیا
وہ باتیں سب بہ پاس راہ و رسم زندگی پر
اتر کے ریگ حرف و صوت پر
عقیم ہو گئیں عدیم ہو گئیں
گہر نصیب کتنے نارسا ہیں ہم
جو یاس دائمی کے نیش
روح میں نظر میں دل میں گڑ گئے
سو گڑ گئے
اب ان کو چننے کا بھی حوصلہ نہیں
کہ چن بھی لیں
تو روح کو نظروں کو دل کو کیا کریں

زیاں تھا جس کا جانِ پاک کا زیاں
تو پھر وہی فراق ہو
ہمارے اور تمھارے درمیاں

★

افق در افق

سمٹتے پھیلتے پیہم سلگتے اور دھندلاتے
افق جب پے بہ پے ابھریں افق جب پے بہ پے ڈوبیں
تو اپنا کام کیا ہے ناؤ اپنی کھیتے رہنا ہے

افق محراب در محراب اپنے دوار پھیلائے
تعاقب کے اشارے برق بن کر کوند جاتے ہیں
بدل جاتی ہیں راہیں دوریاں بڑھتی ہی رہتی ہیں
کبھی بے کارواں بے مشغل و شورِ جرس چلنا
قیامت ہی سہی پھر بھی ہمیں چلنا ہی پڑتا ہے
کہ چلنا ہے مقدر ساتھ رہنا اک عنایت ہے
جسے بن مانگے دیتے اور لے لیتے ہیں بن پوچھے

ذرا سی بات لیکن آب گینے ٹوٹ جاتے ہیں
ذرا سی بات پہروں دل دکھاتی ہے ستاتی ہے
تغافل گو بھلا لگتا ہے پھر بھی جی تو جلتا ہے

ہوائے انتشار کی اک پل میں ترتیبیں زمانوں کی
الٹ دیتی ہے کیسے اور قضا و قدر کے ہاتھوں
یقیں کے جگمگاتے مسکراتے سورجوں سے پُر
افق گرد و غبارِ راہ بن کر ڈوب جاتے ہیں

وہ دیکھو پو پھٹی اندھیارے جادوں کے شگافوں سے
ہم اسکو مرحمت کا نام دیتے ہیں۔ ہر اک شکوہ
یہاں آکر پشیماں ہونے والوں کو مناتا ہے

الاؤں کے قریں بیٹھے ہوئے کتنی خنک شامیں
گذر جاتی ہیں جیسے خواب گذرے، دل ترستا ہے
کہ یہ شامیں شبوں میں اور شبیں اجلے سویروں کے
تسلسل میں گندھی طولِ ابد عمرِ خضر پاتیں

مگر یہ دائرہ در دائرہ سچائیاں، توبہ!
ہمیشہ راہ میں آتی رہیں تنہائیاں دینے
اگر ان کا لہو جم جائے اپنی آستینوں پر
تو بجھ جائیں یہ شعلے جاوداں روشن الاؤں کے
افق کے نقش اور راہی شبیہیں سب ہی مٹ جائیں

اثاثہ رہگذروں کا تھکن اول تھکن آخر
نظارے چشم بینا میں جو آنسو بن کے رہتے ہیں
کسک جن کی چھپائے سے نہیں چھپتی وہ سب کانٹے
الاؤں کے قریں اکثر جنون خود نمائی میں
کسی اک گیت میں اک داستاں میں ڈھلنے لگتے ہیں

یہ غم کتنا غنیمت ہے یہ غم ہستی کی قیمت ہے
کہ ہم اس کو سنانے اور سننے میں بہل جائیں

افق کے اس طرف اور اس طرف بکھرا ہوا امکاں
جسے ہم راہ کہتے تھے وہ اک سپنا تھا سودا تھا
نوائے ناشنیدہ کے سویروں تک پہنچنے کا
ابد آشام تنہائی کی وادی پار کرنے کا
الاؤں کے قریں آنے کا اک پیارا بہانہ تھا
وہ رقصِ نکہتِ گل تھا کہ گردش میں زمانہ تھا

★

حکایتِ ذوالنّون

اور ذوالنّون نے یہ کہا
وہاں وقت قریہ تھا آغاز تھا
پھر بھی ایسا نہ تھا
صرف اپنی ہی آنکھوں میں اپنا ہی پرتو ہو
دہشت
وہاں وقت دہشت نہ تھا
اور ذوالنّون نے کی دُعا
پھر سبک پر مجھے کر
کر میں اپنی جاں کو
کشادہ فضا میں صدا دوں
کشادہ فضا میں جگا دوں
جنونی زمانوں کا شور
تب وہ ماہی کے تیرہ شکم میں نہ تھے
ریگِ ساحل پہ تھے
اور فریاد جاری رہی
بے اماں بے جہات
وقت پھیلاؤ ہے

وقت ہر آن تلوار کا گھاؤ ہے
دھوپ ہو یا ہوائیں خشونت بھری
اپنے لقمے کو تحلیل کرتے ہیں سب
اپنی صورت عمیم و عدیم
ناگہاں بات کو کاٹ کر
ایک سرسبز منڈوا
اگا اور چھانے لگا
اور اوراق گنتا رہا اس کے سایے میں
گنتی کا گیان
کونپلیں اک نئی آفرینش سے ہیں آفریدہ
شعاعوں کے نیزوں کو تھامے ہوئے سبز شمعیں فروزاں
ہمارے سوا بھی کوئی ہے
نگاہوں کی زد میں
نگاہوں کی ڈھارس
نگاہوں کی زد میں ہے جو کچھ
وہ شامل ہے ہستی کی حد میں
ابلتی ہے جانِ زبوں سے
فراوانیِ بے کراں ـــــ تاب ردیا
فزوں حد سے ہوتا ہے آخر
فسونی زمانوں کا شور

تب وہ محتاط قدموں پہ اک دن کھڑے ہو گئے
اپنی ہستی کی محفوظ سرحد کے ساتھ
ان کو پگڈنڈیاں لائیں پکی سڑک تک
تو پکی سڑک اژدہا تھی
کہ جو کچھ نگل لے
وہ اگلے چبانے کے بعد
اس کے مضبوط جبڑوں کی خودکار جنبش میں
خودکار خونی زمانوں کا شور

گلۂ صفورہ

کلیلیں کرتے ریوڑ ساتھ لے کر
جب شباں زادے ہوئے رخصت
صفورہ کی طرف اُٹھنے لگیں
بے صبر نظریں بے زبانوں کی
'صفورہ اب تو صحرائی کنویں کے گرد
پھرنے کی اجازت دو
شباں زادی! بشارت دو
کہ باری آگئی اپنی'

مگر سنگ گراں جو درمیان تشنگی و آب حائل ہے
صفورہ کی نظر بیں ہے
اپنی مدین سفر میں ہے
قوی ہیکل پہاڑوں نازنیں تن رہگذاروں سے
بہت آگے
اسے بڑھنا ہے
سطح ارتفاع آدمیت تک

عکسِ نغمہ
(تراجم)

تارا چمکا

وہ رادھا رانی امر

یادِ وطن

فطانت

آزردہ قمری

پریتی

چلنا چلنا مدام چلنا

تارا چمکا

تارا نارنگی کے پیڑ میں
دیکھیں تارا توڑے کون
تیز چلو موتی لیئے
حمائل اٹھائے ریشم کے

کیا مہک بہار لٹاتی ہے
اپنے امرجیوں خم سے
تارا ہے سب نینوں میں
دیکھیں تارا توڑے کون

ہوائیں اور ہریالی میں
دھیان رکھو ہو جائے نہ گم
نینوں میں ہے وہ تارا
دیکھیں تارا توڑے کون

وہ رادھا رانی امر

وہ رادھا رانی امر
چلی آتی ہے چندا ساتھ لیے
جب بسنت رت آئے
پھول اس کو گھیرے
سادہ سبھاؤ رچاؤ بھرے
اک پیاری شان سے لہراتے
جب بسنت رت آئے
وہ رادھا رانی امر
چلی آتی ہے جھونکے ساتھ لیے
کسموں کے دونوں روپ
پرش پرمیشر
گھلے ملے اس اچھوتے جیون میں
وہ رادھا رانی امر
چلی آتی ہے جھرنے ساتھ لیے
جب بسنت رت آئے
مدھو مالتی بادل بادل چھائی ہوئی
چمکیلے تارے چمیلی کے
چندا سے کمل

جب بسنت رت آئے
وہ رادھارانی امر
چلی آتی ہے جگتی آتما ساتھ لئے

★

یادِ وطن

پودے نہیں اکیلے
چھایا ہے ان کی سنگی ــــــ ساتھی
پر آتما اکیلی
وادی کی گود میں چاند
درپن اچھالتا ہے
چاندی کا جگمگاتا
وہ جھلملاتا منڈوا
خوشہ سا کھل اٹھا ہے
اس میں جنونی تارا
پربت نہیں اکیلے ــــــ چلتے
چلتے ہیں ساتھ ان کے
وحشی ہوا کے جھونکے ــــــ ریلے
پر آتما اکیلی
گاتی ہے جب یہ دھرتی
ساتھ اس کے گونجتی ہے
اک صورت سرمدی بھی
ساگر لہر لہر میں

بیلا چھرا رہا ہے
نر ناری کے ملن کمی

دریا نہیں اکیلے —— بہتے
بہتی ہیں ساتھ ان کے

—— موجیں
—— ان کی

پرماتما اکیلی

فطانت

فطانت مجھے نام سچا سکھا دے ہر اک شے کا
میرا ہر اک لفظ خود ہو وہی شے
نئی تازہ دم میری فطرت سے جنمی ہوئی شے
مرے واسطے سے جو اشیا کو سمجھے نہیں ہیں
وہ اشیا کو پالیں
مرے واسطے سے جو اشیا کو بھولے ہوئے ہیں
وہ اشیا کو پالیں
مرے واسطے سے جو اشیا کی چاہت بھی رکھتے ہیں
اشیاء کو پالیں
فطانت مجھے نام سچا سکھا دے ہر اک شے کا
اس کی من و تو و ماو شما کا

★

آزردہ قمری

تمھاری سسکیوں کو سن رہا ہوں میں چٹانوں میں
دبکتی جا رہی ہو تم
ابھر آؤ، نہیں میں سنگدل
افسردہ قمری

انھوں نے کس دیے ہیں کیا شکنجے میں
تمھارے خوش نما شہپر
وہ تم سے کھل نہیں سکتے
تو آؤ، میں نہیں بے دست و پا
غم دیدہ قمری

نگاہوں کی کمندوں سے جکڑ سکتی ہو تم سورج کو
اور سیل صبا کو تھام سکتی ہو
اٹھو میں بھی نہیں ہوں سست رو
واماندہ قمری !

تمہاری تشنگی میرے دہن میں ہے
تمہاری تشنگی وہ تشنگی میری
چلو اب تک متاعِ چشمِ نم رکھتا ہوں میں
آزردہ قمری !

پریتی

تم نہیں ہو مٹنے والی ـــ نہیں
پاتی ہو جنم تم نئے نئے
ہر نئی بہار کے پھولوں میں
مانند حیات تمھارے پتّے بھی پیلے پڑ جاتے ہیں
مانند حیات تمھیں بھی ڈھک دیتی ہے برف
پر تمھاری مٹی میں پریتی
پکّے بچنوں کے بیج دبے ہیں
پورا ہونا ہے جن کو بسراوے میں بھی
پیت نہ کرنے کی یہ دھن بے کار ہے
یہ مہکار بھرا جھونکا
لوٹ آتا ہے ایک نہ اک دن
آتم نگر میں
جیسے رات ستاروں بھری
اور سمانے لگتی ہو تم روم روم میں پریتی
پہلے سے پاکیزہ
تم پاک ہو اور اسی کارن ہو امر

جب تم ہوتی ہو تب نیلاہٹ سے
جھنڈ کے جھنڈ سفید ملائم ہنسوں کے
جن کو ہم مرے کھپے سمجھے تھے
لوٹ آتے ہیں
پھول سے پتیاں کھلاتی رہتی ہو تم نئی نئی
تم سدا سدا کے نور کو راگ بنا دیتی ہو
نئی نئی آوازوں سے جنما ہوا راگ
تم امر ہو پریتی
جیسے بہار

★

چلنا چلنا مدام چلنا

چلتے چلتے یہ دھن کہ سن پاؤں
ہر ذرّہ خاک زیر پا کا ـــــ نغمہ

چلتے چلتے بڑھا دو پیچھے
رہوار، کہ گھومتا بھٹکتا ـــــ پہنچوں
چلتے چلتے میں سونپتا آؤں
ہر ذرۂ خاک زیر پا میں ـــــ خود کو

چلتے چلتے ہے کتنی شیریں
آمد کھیتوں میں اپنے خود کے
جب اتری ہوئی ہو رات کالی ـــــ گمبھیر

چلتے چلتے ،
اور اب تو یوں ہے
ہے دل ہی پیاؤ، اور وہ جو
رستہ مرا تک رہا ہے، خود ہی ـــــ میں ہوں

چلتے چلتے ،
یہ لگ رہا ہے
جیسے میرے دل کو میرے تلوے
دیوانہ پن سے چومتے ہیں ۔۔۔۔۔ پیہم

چلتے چلتے ،
یہ کتنا چاہا
دیکھوں کبھی سارے آنسوؤں کو
اس جادے کے
یہ جو ہے سرودہ ۔۔۔۔۔ میرا

★

نذرِ نغمہ

سازِ دل کا اک اک تار تیری یاد سے لرزاں
جیسے میری رگ رگ میں روح انجمیں رقصاں
اے ستارۂ الفت اس چمک سے کیا حاصل
پیچ و خم فضاؤں کے کچھ عیاں ہیں کچھ پنہاں
اک یہی تماشا بس ہر کہیں نظر آیا
آرزو کے شعلے پر یاس کا دھنواں پیچاں
پھر چھلک اٹھیں آنکھیں شمع گن رہی ہے پھر
راہ کے دھندلکے میں انتظار کی گھڑیاں
یوں شفق کے بادل سے قطرہ قطرہ مئے ٹپکی
وقت بھی ہے تر داماں اور نظر بھی تر داماں
مجھ کو کیا خبر آنسو ابر کے تھمے کیسے
میں تو کل بھی گریاں تھی اور آج بھی گریاں
تیرے نام نے جادو کچھ جگا دیا ایسا
خار پوش راہوں میں جیسے بچھ گئیں کلیاں
سن کے میرے نغمہ کو لعل گل سے لو اٹھی
ذرہ ذرہ میں مچلا رنگ و نم کا اک طوفاں

★

تارِ رگِ جاں

مجھ سے مری جاں تم کو نہ چھینے تاروں کی گردش
میں نے تو جو بھی پایا سو کھویا ہے آہ و فریاد

میں نے کہا غم اک حالِ بد ہے احوالِ دل کا
اس سے گزرنا اک عہد ہے اور ایفاء ہے لازم
میں نے کہا عشق اور زندگانی اور علم و فن سب
راز نشاطِ دائم نہ پاکر بھٹکے ہوئے ہیں
میں نے کہا دل فتح مبیں کی آیات سے ہے
فتح مبیں ہوں میں اور میرا آغاز و انجام
پھر اس کی خاطر کتنی شکستیں میں نے اٹھائیں
پیکاں گزیدہ آہو کی مانند پھرتی رہی ہوں
اور خود مرے خواب مرے شکاری میری طلب میں،
آندھی کی صورت محوِ تعاقب صحرا میں بن ہیں،
زخموں سے میں چور پھرتی رہی ہوں پھرتی رہوں گی
جب تک گیاہ و گل کی سبو ہوں شبنم سے لبریز
جب تک رگِ تاک ٹوٹے نشّہ سے، جب تک محبت
شبنم میں ڈوبی لالی سحر کی مجھ کو پکارے
ایفاء ہے لازم، میری نگاہیں تم پر لگی ہیں
مجھ سے مری جان تم کو نہ چھینے تاروں کی گردش

★

دوامِ ما

ہم دمی ہم نفسی سانس سے بھی کچا تار
ایک پل، پھر بھی وہی میرے لیے حبلِ متیں
تھام کر اس کو کبھی خواب کوئی دیکھا تھا
جیسے لمحات فرد مایہ کا اندھا آئیں
اپنے ہی خوں میں نہایا ہوا دم توڑ گیا
دہر میں رچ گئی شیرینیٔ جان شیریں

کوئی یوسف ہو تو اس خواب کی تعبیر بھی دے
ورنہ کھو جائیں گے سب مصر کے زنداں کے مکیں

ورنہ شاداب یقینوں کے ہرے تاکستاں
ان میں گونجا ہوا پورب کا شفق گوں آہنگ
مدتوں جن میں ہوا جذب اُجالا شب رنگ
جھلملاتی ہوئی شبنم سے بھرے تاکستاں
ان پہ کیا گزرے گی گر وقت یہیں تھم جائے
لمحہ لمحوں سے پگھل کر نہ ملے، جم جائے

★

ورائے نور

روشنی اس کے مراتب کی یہ رنگا رنگی
شمع خورشید جلا کرتی ہے ہر روز یہاں
اور سہانی یہ شبیں چاند ستاروں والی
جھٹپٹا شام کا اور صبح کی نرمل لالی
خواب آلود دھندلکوں میں گھری کاہکشاں
ہم اندھیروں کے ثنا گر نہ صفت خوانِ عدم
پھر بھی یہ نور نہیں درد کی شب کا درماں
پھر بھی یہ نور نہیں زخمِ نظر کا مرہم
روشنی راہ دکھانے کی ادائے دلکش
ہم تجھی میں نہ الجھ جائیں ہمیں راہ دکھا
فرق پھر کیا ہے یہ آتش کدہ وہ نور کدہ
روشنی راہ دکھا ۔ حسن کا دعویٰ گونجا
خیر سے لہجہ و آواز کی باری آئی
سامعہ خواب بنا ڈوبتی بینائی کا

★

سرمایۂ بہار

انگبیں دل کا کہ زنبور امنگوں کہ جسے
دور و نزدیک کے باغوں سے بصد راز و نیاز
مانگ لاتے ہیں کبھی نذریں لے آتے ہیں
دھوپ کی آگ میں پروانہ صفت نیم گداز
صف بہ صف کانٹوں کے پہرے سے اُڑا لاتے ہیں
کیمیا کار ریاضت کے مہکتے ہوئے راز
انگبیں دل کا کسے نذر کریں؟ کس کے لیے
وقت پرواز بنا زیست مسلسل آواز

پھول کو اپنی ہی مہکار سے کیا لینا ہے
جوش جو لہر میں ہے لہر سے تھامے نہ بنے
بات یہ کیا ہے کہ بادل میں گھٹے برق سدا
نہ نیستاں میں رچے اور نہ نئے سے بکھرے
بات جب ہے کہ جو کچھ میرا ہے تم تک پہنچے
بات جب ہے کہ تمہارا ابھی تم تک نہ رہے

★

غزل

رقص خوشبوؤں کے ہیں راگ رنگ و نم کے ہیں
وادیوں میں ہنگامے بادِ صبحدم کے ہیں
دھند ابر روشنی کی لے رہی ہے ہلکورے
آسماں کی آنکھوں میں خواب جامِ جم کے ہیں
اے ربابِ خاموشی! ہم سے پردہ داری کیا
رازداں پرانے ہم تیرے زیر و بم کے ہیں
داغ بن کے کہہ دو اب اک طرف سمٹ جائیں
یہ جو دل پہ کچھ سائے فکرِ بیش و کم کے ہیں
ہر جنم کی شب سوز و انتظار میں گزری
اس جنم کے دامن میں اشک ہر جنم کے ہیں
پھر ہمارے اشکوں پہ دیر تک رہی تکرار
ہم کہیں خوشی کے ہیں وہ کہیں الم کے ہیں
ہم تمھارے گلشن میں نغمۂ بہاراں ہیں
نغمۂ ہزاراں ہیں اور کوئی دم کے ہیں
مژدہ کے لیے آیا ہے کوئی اپنے خوابوں میں
اک نئی چمک کے ساتھ مہر و ماہ چمکے ہیں

★

قطعات

دھانی دھانی سبزہ میں روشن لالے
لالوں کی پتی پتی شبنم سے تر
اے دل اس اک پل کی شوبھا میں کھو جا
اے دل اس اک پل کے بعد کی بات نہ کر

اے دل، اے دل گھل گھل کر یوں خون نہ ہو
غم کی آگ میں دھیرے دھیرے پگھلنا چھوڑ
فصل گل آئی کچھ تو کر موسم کی شرم
عود کی صورت شام و سحر اب جلنا چھوڑ

گل مہروں کی پنکھڑیاں جھڑتی ہی رہیں
لعل بہ داماں ہونے لگے ٹیلے میدان
ناچ رہی ہے بگولے میں اک برگ سرخ
میری ہی مانند کھلنڈری اور نادان

مالی ! تیرے پھول مبارک ہوں تجھ کو
ہم نہ اٹھیں ٹانکیں گے اپنے بالوں میں
ہم تو یہاں بس اتنی آس پہ آئے ہیں
تھوڑی سی خوشبو بس جائے خیالوں میں

جب تک چاند ستارے اپنے ساتھی ہیں
تب تک اپنا درد بیاں کرتے جائیں
کارگہِ ہستی میں کچھ کرنا ہے ضرور
کچھ نہ کریں تو آہ و فغاں کرتے جائیں

اے دل تو اک خود رو پھول ہے صحرا کا
خوف نہ کھانا ان پر ہول چٹانوں میں
ہم اس اجڑی محفل ہی سے نباہیں گے
رقص کریں گے مہکیں گے ویرانوں میں

تارو ، دور سے غمگیں دل کو تسکیں دو
میں کب کہتی ہوں دامن میں ٹوٹ گرو
میرا دامن پُر ہے میرے اشکوں سے
تم افلاک کے ماتھے پر جگ جگ چمکو

★ ★ ★